Von Klaus-Dieter Rönsch ...

Aphorismen ...
mitten aus
dem Leben gegriffen

und prompt aufgeschrieben ...

Die unvermeidlichen Weisheiten eines
seismographischen Zeitgenossen, Ungereimtheiten
von ihm im Alltag eingefangen und prompt in und zu
diesem Büchlein verarbeitet ...

**Was mich nervt: neben meiner, auch die Dummheit
der anderen ...**

Unvermeidliche Weisheiten von Klaus-Dieter Rönsch

9 783752 858136

Impressum:
Copyright © 2018, Autor und Herausgeber: Klaus-Dieter Rönsch
Format, Umschlagsgestaltung, Fotos: Klaus-Dieter Rönsch
Alle Rechte vorbehalten.
Gedruckt in Deutschland, 2018 – Druckerei, Bindung
Verlag: © 2018 Herstellung und Verlag: BoD - Books on Demand,
Norderstedt, ISBN: 9783752858136

Aphorismen – philosophische Gedanken von unten …

Kleines Vorwort vom Verfasser

Verehrte Leserin, verehrter Leser,

Ich ... äh .... ach ... so! .... Ja, ... dann ... nehmen Sie's nicht übel. Nun ja, ... wenn auch manches ... Sie wissen schon .... Na gut .... besser machen!

So oder so .... also, ... wenn Sie mich fragen ... Oh! .... na ja .... wie gesagt, ... mich widerspiegeln .... igitt ....! Na so was! Ich? Aaa ... Ich würde mich freuen, in einem Buch von Ihnen auch Ihre Gedanken lesen zu können.

Übrigens, auch ich beschäftige mich gern mit dem, was ich nicht habe: Geld, formelle Bildung, äh ... Intellig ... na ja.

Weißt du's auch schon, geschätzter Leser?

Wir erleben in unserer Menschheitsentwicklung gerade den Beginn eines weiteren Niederganges einer menschlichen Hochkultur- wie vor uns die der Maja, Griechen, Alexander des Großen, ach ja, der Römer ... und so fort!

Die Motivation zu diesem reflektiven Büchlein:
Minderwertigkeitskomplex oder Selbstbewusstsein – Neid, Missgunst oder natürliches Gerechtigkeitsempfinden, Selbstgerechtigkeit, oder nur Sensibelchen? Egal.

Die Schnelldenker sagen Minderwertigkeitskomplex, der Grübler meint Selbstbewusstsein und Gerechtigkeitsempfinden. Auch egal.

Selbstbewusstsein, Gerechtigkeitsempfinden und Sensibilität sind Bestandteile der Kritikfähigkeit.

Schnelldenker sind die meisten, Grübler gibt's nur wenige. – Nicht egal.

Beide aber liegen in etwa richtig, denn ich wurde von allem und allen zu diesem Büchel motiviert; und von der Faszination der Ursachen und Ausdrucksformen verschiedenartiger Minderwertigkeitskomplexe. Und wie wir damit umgehen; und wie wir sie kompensieren. Jeder für sich , oder im Kollektiv.

Seit jeher wird die Entwicklung der Menschheit zu erträglichen „Menschen" dadurch gehemmt, dass der eine dem andern dessen Minderwertigkeit vorgaukelt, unterstellt, um sich so Vorteile, auch Privilegien genannt, dem andern gegenüber zu verschaffen; oder er gönnt dem andern nicht einmal das Weiße in den Augen.

Ein Beweis hierfür scheint mir die folgende, selbst bei schönster Blauäugigkeit nicht zu leugnende Tatsache zu sein:
Der Mensch wird bei der Zubilligung seines Anspruchs auf Glaubwürdigkeit und Urteilsfähigkeit, also um in der Gesellschaft ernst oder gar wichtig genommen zu werden, vor allem auf seine formelle Schulbildung und den Beruf, auf seine diesbezügliche Tätigkeit reduziert; etwa nach dem Motto eines unserer Klassiker, G. Keller, Zitat: „Kleider machen Leute." Das heißt so viel wie: Orientieren wir uns an der Hülle (Bildung), nicht an dem, was drin ist. Das entspricht genau einer emotionalen wie intellektuell armseligen Lebenswirklichkeit.

Dieses Büchel eines desillusionierten, aber keineswegs desorientierten Beobachters unserer Spezies Mensch soll provozieren und Spuren hinterlassen. So oder so – aber doch hin zum Besseren; zum besseren Menschen.

Klaus-Dieter Rönsch

Der Wahrheitsgehalt meiner Texte, meiner obskuren Einfälle hält sich in Grenzen. Mit meinen Einfällen will ich lediglich Denkimpulse auslösen. Und den „inneren Schweinehund" provozieren.

Mich fasziniert, wie viele verschiedene Gedanken sich mit wie wenigen Worten ausdrücken lassen.

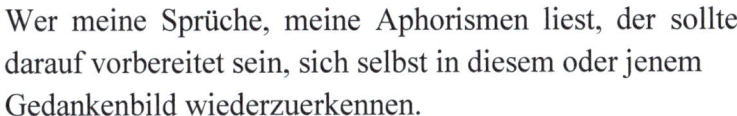

Es sieht so aus, als verliere man die Orientierung in dem Durcheinander ungeordneter Sprüche und Gedanken. Stimmt aber nicht: Jeder Spruch, jeder Gedanke ist für sich ein Orientierungspunkt.

Wer meine Sprüche, meine Aphorismen liest, der sollte darauf vorbereitet sein, sich selbst in diesem oder jenem Gedankenbild wiederzuerkennen.

Immerhin: Nur dumme Menschen fühlen sich durch meine Texte, meine Aphorismen angegriffen; für kluge dagegen sind sie eher eine konstruktive Herausforderung.

Übrigens: Einer meiner intimsten Wünsche ist, ohne mich zu schämen, einmal in meinem Leben, mir selber zu begegnen.

Vorweg: Sei nicht voreilig; es ist ein Unterschied, ob ich die Sprüche anderer klopfe, oder die eigenen.

- Hast du schon je einen eigenen geklopft? - Trau dich!

***

Mein Aphorismus-Favorit: Wenn ich die Tiefe eines Gewässers erfahren will, muss ich auf dessen Grund gehen. Will ich die Seele und den Geist eines Menschen beurteilen, so geht das nur soweit, wie mein eigener Maßstab reicht.

***

Aphorismen sind ... Lehrsätze!

***

Wir dürfen Superverkommen nicht mit Hochintelligent verwechseln - doch genau das machen wir all zu oft.

***

Schon das Bekenntnis zu seinen Fehlern ist in unserer Entwicklung zum Menschen ein Schritt nach vorn.

***

Mit Seemannsgarn lässt sich keine **Hängematte** knüpfen.

***

Bis ich in Richard Friedrichsthals Biografie über ihn gelesen, war **Johann W. Goethe** auch für mich ein nationaler Held gewesen.

***

Eines dürfte wohl klar sein: Wer kein Mitgefühl hat gegenüber Tieren, dem kaufe ich auch nicht ab, dass er welches hat gegenüber Menschen.

Ein blauer Himmel ohne Wolken ist langweilig.

***

Aphorismen – philosophische Gedanken von unten …

Die meisten Menschen können gemachte Erfahrungen nicht in sinnvolles Handeln umsetzen.

***

Das Festhalten an von der Vernunft längst überholten **Traditionen** geht auf das Konto schwachsinniger Menschen.

***

Nicht der Widerspruch ist wie Sand im Getriebe, sondern das zum Munde reden.

***

Mein Ziel ist nicht Zustimmung zu haben, sondern

Denkanstöße zu geben; freilich abhängig von der mentalen Substanz sowohl bei mir, als auch beim Adressaten.

***

Bildungsferne Schichten. Dazu gehören für mich auch Akademiker, die nach Abschluss ihres Studiums, nach ihrer formellen Bildung, sich menschlich nicht weiter gebildet haben, und bis heute sich nicht weiterbilden.

***

Ein Erfahrungswert:

Ich beanspruche keine Würdigung. Hauptsache ist doch, dass man letztendlich auf mich hört.

***

Möge dieser furchtbare "Mensch" unseren Planeten sehr bald verlassen. Nämlich nur dadurch kann so ein fieser Typ unserer Spezies dazu beitragen, die Menschheit an sich besser zu machen.

***

Jeder sollte schonungslos gelegentlich seine eigenen **Lebensansprüche** auf ihre Berechtigung hin überprüfen.

***

Alltagswahrnehmung: In jener diktatorischen "DDR" haben sich die so genannten **DDR-Bürger** ohne zu murren nahezu alles vorschreiben lassen. Im heutigen Deutschland jedoch beherzigen sie oft nicht einmal die einfachsten Regeln des Benehmens und Anstandes.

***

Arm dran ist, wer mit seinem Wissen nichts Gescheites anfangen kann.

Domizil des Autors

***

Besser dumme Fragen gestellt, als dumm aus der Wäsche geguckt.

***

Was nützt selbst der *Doktorhut*, wenn der Mensch nicht imstande ist, seinen Verstand, seine Moral und die Vernunft unter einen Hut zu bringen.

***

Vernunft ist die Zusammenfassung von Verstand und Moral.

***

Eigentlich habe ich schon an meiner eigenen Dummheit genug zu tragen. Trotzdem sehe ich mich genötigt, mich auch noch mit der Dummheit der anderen herumzuplagen.

***

Das für jeden von uns durchaus Machbare, im eigenen Leben meist einzig Machbare wäre doch, einfach seine Ernährung vom **Tierfleischkonsum** auf zumindest vegetarische, besser vegane Ernährung umzustellen.

***

In Gesellschaften, in denen ein Überangebot an Nahrungsmittel besteht, haben die Menschen längst ein pervertiertes Essverhalten, **pervertierte Essgewohnheiten** und einen pervertierten Anspruch auf Nahrungsmittel entwickelt. Und das ist ein Beleg dafür, dass sie mit ihrer Nahrungsmittelsituation nicht sinnvoll umgehen können.

***

Erfahrungen und Erkenntnisse und Erinnerungen sind erst dann zu etwas gut, wenn sie vernünftig umgesetzt werden.

***

Die Dummköpfe unserer Spezies dürfen nicht die Oberhand in unseren menschlichen Gesellschaften haben ... auch nicht jene mit akademischer Ausbildung.

***

Ich fürchte, anderen nicht mehr bieten zu können als geistreiche „dumme" Sprüche.

***

Bei Tieren und Insekten haben wir Menschen kein Problem damit, sie in Nützlinge und Schädlinge einzuteilen. Dabei wäre das bei uns Menschen erstrecht angebracht. Vielleicht würde das, diese Selbsterkenntnis, sogar helfen, uns besser zu machen.

***

Das **juristisch Erlaubte**, muss noch lange nicht rechtens sein ... sowie das juristisch Verbotene nicht immer Unrecht ist.

***

Es gibt Menschen, die werden deshalb nicht alt, weil sie ewig Kind geblieben sind.

***

Jede **Demokratie** ist nur so gut, wie sie die Menschen begreifen und mit Leben erfüllen.

***

Übrigens, ich gehöre nicht zu denen, die schlucken, was einem zum Fraß vorgeworfen wird.

***

Mit ideologischer Phrasendrescherei ist kein Blumentopf zu gewinnen. Das wenigstens sollten wir aus der mörderischen Nazi- und grausigen *DDR-Geschichte* doch gelernt haben?

***

Es gibt Quertreiber in einer menschlichen Gesellschaft, auf deren all unseren opportunen Auffassungen widersprechenden, jedoch logischen Argumente nur mit hilfloser Ignoranz geantwortet werden kann und wird. Mehr ist nicht drin.

***

Tiere sind so abhängig von unserer Intelligenz, unserem guten Willen, unserer Vernunft.

***

Und es gibt sie doch, die infantile *Dummheit* unter dem *Doktorhut.*

***

Zu meiner Beerdigung wünsche ich mir meine Elektroniksammlung als Grabbeilage.

***

Es bleibt die Frage offen: Was soll jemand mit seinem Leben wirklich anfangen, um es nicht zu verschwenden?

***

Der Mensch im Alter wird weniger durch sein Aussehen, dafür sollte er mehr durch seine Menschlichkeit punkten.

***

Landläufiger Spruch im Visier des Betrachters ...

Genaugenommen und mit Logik betrachtet ist der oft lapidar vorgebrachte Spruch, "Der Klügere gibt nach", geradezu idiotisch ... weil, ja weil letztendlich der Klügere doch der Dumme ist.

***

Höchstwahrscheinlich werde ich gewichtsmäßig wieder zunehmen ohne mehr Nahrung aufzunehmen, denn ... auch reingefressener Ärger wiegt schwer.

***

Der Zyniker in mir …

Irgendwie habe ich heute einen schlechten Tag: Könnte ich doch heute tatsächlich jeden umarmen …

***

Das mit dem Kalk ... dreht sich im Alter um. Dann steckt der Kalk weniger in den Knochen, aber dafür mehr im Hirn.

***

Wenn überhaupt, gelingt es den meisten Menschen erst im fortgeschrittenem Alter, sich zu ihrer eigenen Dummheit zu bekennen.

***

Es widerstrebt mir, meine Gedanken der **Begriffsstutzigkeit** zum Fraß vorzuwerfen. Trotzdem mach ich das, weil immerhin die Hoffnung besteht, dass sich dieser Bannkreis doch noch auflösen lässt.

***

Rudi schaut nach dem Rechten ...

Wenn wir abschätzig feststellen und sagen, Menschen würden behandelt wie Tiere, heißt das doch nichts anderes, als dass Tiere von uns Menschen schlecht behandelt werden.

**

Der wahrhaft intelligente Mensch ist wandlungsfähig, ein Leben lang - allerdings immer in Richtung „besser werden, als man ist."

**

Erleuchtungen sind sicherlich gut ... sie müssen nur Bestand haben.

**

Noch so **geniale Talente** verpuffen ins Leere, wenn sie bei den anderen keinen Widerhall finden und nicht reflektiert werden (können).

**

Gegen so vieles kann man einfach nichts machen,

man kann es nur verachten.

**

Blindgänger und Spätzünder vereinigt euch!

**

Eine Meinung, eine Auffassung, die keine öffentliche Verbreitung erfährt, und ist sie noch so klug und richtig, ist letztendlich so wertlos wie unwichtig.

**

Manchmal denke ich, die Menschen sind grausam, weil sie einfach nur doof sind ... zu doof, um Mensch zu sein.

***

Leisetreter, Speichellecker und Arschkriecher sind mir ein Gräuel.

***

Der Tod macht bestimmt nicht alle gleich ...

Nachrede. Bei dem Verstorbenen muss auch die Frage erlaubt bleiben, "was für einer war der Mensch?" - Und genau das macht sogar im Tode noch den Unterschied.

***

Bundestagswahl im Jahr 2017

Manche **Schwächen einer Gesellschaft** lassen sich von jetzt auf gleich abstellen. Nämlich die in einem selbst. Andere hingegen benötigen sehr viel Zeit, um sie zu

---

Aphorismen – philosophische Gedanken von unten …

überwinden, also jene, auf die ich keinen wirksamen Einfluss nehmen kann.

***

Es gibt Menschen, da ist selbst jedes Schimpfwort gegen sie noch zu schade.

***

Jeder Mensch hat ein **Recht auf Irrtum**. Und nicht wenige machen auch regen Gebrauch davon. Doch sind sie nicht bereit, ihre Auffassungen zu hinterfragen.

***

Bekenntnis: Nach dem jahreszeitbedingten, selbst durchgeführten Radwechsel am Auto fühle ich mich buchstäblich wie "gerädert".

***

Mobbing

Wer mobbt, oder sich am **Mobbing** beteiligt, stellt sich damit ein Rundum-Armutszeugnis aus.

***

Nur **starke Charakteren** können ihre Schwächen zugeben.

***

Die Höhe der Gewinnspanne oder des Rabattes ist immer das Maß des stattfindenden Betruges.

***

„Terrorphobie" ... früher ging ich nur mit einer Frau ins Bett. Heute auch noch mit der kugelsicheren Weste.

***

Erst dachte ich, mir fliegen hier Herzen zu ... doch dann sah ich sie nur an mir vorbeifliegen.

Unsere Katze Tina, einst ausgesetzt

***

Was **Liebe** nicht alles vermag. Sie lässt einen sogar über den eigenen Schatten springen.

***

Aus Missetaten lässt sich kein **Lorbeerkranz** flechten.

***

Aphorismen – philosophische Gedanken von unten …

Zum Flüchtlings-Treck: Wo geht's denn hier nach Schweden? – Immer der Spur der Scheiße nach.

***

Es soll Menschen geben, die können noch so viele Lichter anzünden, ohne dass ihnen selbst ein Licht aufgeht.

***

Ein Buch ist etwas, was bleibt; und zwar auf unbestimmte Zeit.

***

Wenn's so einfach wäre, ginge alles Vernünftige leicht.

***

Veganer sind schließlich keine Missionare; und die vegane Ernährung ist keine Religion.

***

Nötigenfalls schwimme ich auch **gegen den Strom** – aber ich pisse nicht gegen den Wind.

***

Nur die geäußerte Meinung hat Wert, so oder so ...

***

Ignoranz ist die Folge entweder von Dummheit oder Skrupellosigkeit, von einer Ausnahme (zum Mitdenken) abgesehen.

***

Wir Menschen sollten endlich unsere Kräfte bündeln, und nicht damit konkurrieren.

***

Gegen was ich immer schon ankämpfe und das immer noch tue ist, wenn jemand das, was er/sie selbst macht, für wichtig hält, aber das, was andere machen, geringschätzt.

***

Wir Menschen haben keinerlei Veranlassung, kein Recht, keinen Anspruch darauf, uns für höherwertig anzusehen als andere *Geschöpfe* aus Fleisch und Blut, oder überhaupt!

***

Kultur bei Abwesenheit von Moral ist keine Kultur.

***

Unter dem Eindruck der Ereignisse in der Zeit der Judenverfolgung in Deutschland entstand die lakonische Feststellung: „Die Pessimisten sind ausgewandert, die Optimisten sind geblieben."

Die dramatischste Folge daraus war schließlich die Ermordung der Optimisten.

„DDR"-Geschichte"

Für mich ist das auf die „DDR"-Geschichte übertragen gleichbedeutend mit „Die Realisten sind ausgewandert, die Phantasten sind geblieben". Und diese Parallele gibt es für mich gesehen durchaus. Nur wurden die Phantasten zwar nicht umgebracht, aber bis zum Schluss maßlos zum Narren gehalten.

***

Opportunisten sind eine exorbitante Gefahr für die Demokratie.

***

Die Armut mit anderen zu teilen ist leichter, als den Reichtum.

***

Facebook

Wenn ich **bei Facebook**, eigene Posts veröffentliche oder auf andere Statements reflektiere, dann vor allem mit dem Hintergedanken, Denkanstöße für diejenigen zu geben, die besser denken können als ich.

***

Ich kann zwar mit keinem "**Uni-Abschluss**" aufwarten, aber doch wenigstens mit ein bisschen gesunden Menschenverstand.

***

Aber Hoffnung allein führt nicht zum Ziel.

***

Wer seine Meinung für sich behält, hat letztlich doch eigentlich gar keine.

***

Ich lasse mir von niemandem mein **bisschen Verstand** noch kleiner reden.

Krieg mit anderen Mitteln: Auch mit der Herausforderung der (Mit)Menschlichkeit lässt sich ein Land überrennen und erobern.

***

Ich liebe meine **Haustiere**. Ich bin von ihnen noch nicht betrogen, noch nie hintergangen worden und habe von ihnen noch kein böses Wort gehört.

***

Ich bin nicht in dieser Welt, um zum Preis meiner Selbstachtung unsinnig **Sympathiepunkte** zu sammeln.

***

Es ist ein Unterschied, ob ich Steine oder böse Worte an den Kopf geworfen bekomme.

Aphorismen – philosophische Gedanken von unten …

***

Erst wenn ich körperlich und geistig tot bin, habe ich nichts mehr zu melden.

***

Keine noch so oft beschworene (formelle) Bildung ohne Herz und Verstand löst wirklich Probleme.

***

Wer glaubt, macht sich was vor.

***

Die Spiegel-Schau …

Ich bin nun weißgott nicht so intelligent, wie ich gerne sein würde; aber … ich bin nicht so dumm, wie mich andere gerne sehen.

***

Der Unterschied

Einem plausiblen Diktat kann ich mich unterwerfen; aber einer unsinnigen Willkür nicht.

***

Mit der Wahrheit kann man nur Dummköpfen vor den Kopf stoßen.

***

Die meisten Menschen werden erst durch ihr Ableben zwangsläufig bessere Menschen.

***

Wut macht nicht sexy ... aber blendet den Verstand.

***

Es ist so leicht, **ein besserer Mensch** zu werden: Man muss nur sterben.

Umgebindehaus in der Oberlausitz, Oberseifersdorf

***

Die Ernährung auf der Grundlage von **Mord und Totschlag** ist doch eher was für moralisch-geistig schwächelnde Vertreter unserer menschlichen Spezies.

***

Entwicklungsstand ... Trotz sollte man eigentlich mit seiner Kindheit hinter sich gelassen haben.

***

Bauern ...

Wenn jemand seinen Lebensunterhalt oder gar Gewinn durch Mord und Totschlag erwirtschaftet, der darf ja wohl nicht erwarten, dass ich ihm mit Respekt und Wertschätzung begegne.

***

Wenn einen die Ernährung gegen Tiere schuldig werden lässt.

***

Manchmal geht mir bei Menschen, die viel oder gar zu viel Geld haben und nichts Gescheites damit anzufangen wissen, der Gedanke durch den Kopf: Wozu so viel Geld haben, wenn man trotzdem dämlich bleibt.

***

Fragwürdige Diagnosen ...

Wenn ich behaupte, allein schon durch meine vegane Ernährung ein besserer Mensch zu sein als andere, setze ich mich durchaus bei „ganz schlauen" Artgenossen dem Verdacht aus, die Anforderungen einer Diagnose für das Vorliegen einer als „narzisstischen Persönlichkeitsstörung" bezeichneten psychiatrischen Erkrankung zu erfüllen. Immerhin finden die Spezialisten der Medizin noch für jedes noch so vernünftige Verhalten irgendeine krankhafte

Diagnose. Aber das hindert mich nicht daran, an meiner Selbsteinschätzung konsequent festzuhalten.

Katze Tinka, ehedem aus dem Tierheim Stuttgart, Botnang

Krank hingegen finde ich all diejenigen unter uns, die außerstande sind, ihre eingefleischten (Ess-) Gewohnheiten zu hinterfragen und ggf. vernünftigen Erkenntnissen anzupassen, soll heißen, diese aufzugeben. Hier auch jene Vertreter besagter medizinischen Sparte einbezogen, die sich seelisch für gesund halten. Ich nenne diese Unfähigkeit kurzerhand „*kognitive Blockade*". Und die wirkt sich schädlich aus für uns alle, gegenüber den tierischen Mitgeschöpfen, der Umwelt, auf unsere Existenz überhaupt.

∗∗∗

Aphorismen – philosophische Gedanken von unten …

Kriegsdenkmale sind doch nichts anderes als Denkmale menschlicher Dummheit und Schande …

***

Akademisch fundierte Dummheit wiegt schwerer als die der „Bildungsfernen".

***

Vernunft ist nicht jedem zugänglich ... Auszubaden aber haben wir dieses Manko alle.

***

Die **Beratungsresistenz** - eine der schlimmsten Geiseln der Menschheit.

***

Deutlicher kann jemand seinen Schwachsinn kaum noch präsentieren, als …

mit Messer und Gabel einem fremden Leib zuzusetzen.

***

Mit unseren dekadenten Gewohnheiten stehen wir uns nur selbst im Weg.

***

Eines steht für mich schon fest: Ein Haus, in dem Lesben wohnen, ist für mich **ein Lesbennest.**

***

Auch Schweigen macht schuldig ...

***

Besonders schmerzt es mich, an der Dummheit anderer
Schaden zu nehmen.

***

Auch die Zeit macht Falsches nicht richtig …

***

Der Horizont ermöglicht den Weitblick;

das Gesichtsfeld die Umsicht;

beides den Durchblick.

***

Deutschland hört sich ab …

Der große Lauschangriff:
Das Abhören von Hohlräumen
in Deutschland.

Ist das Volk eine Zeitbombe?   (kdr)

***

Tierfreunde aller Länder vereinigt euch. Wahre
Tierfreunde ernähren sich allerdings ... **vegan.**

***

Wenn man will und nur dreist genug ist, kann man sogar
Spitzfindigkeit noch auf die Spitze treiben.

***

Als Schauspieler ist dieser Mensch beeindruckend ...
aber als Mensch?

***

Mit lebensnotwendigen Produkten darf künftig kein
Gewinn, kein Profit gemacht werden, die da sind:
Lebensmittel, Energie und *Wohnraum.* Diese
einschränkende Erkenntnis und deren Umsetzung wäre ein
echter Fortschritt unserer Spezies.

***

Was mir eigentlich zutiefst zuwider ist, wenn Menschen,
die ich für weniger intelligent halte, als mich selbst, den
Ton angeben und sagen wollen, wo's lang geht.

***

Erst wenn man sich selbst wichtig nimmt, erwächst daraus
Verantwortung und Moral für das, was man tut oder
unterlässt. Andernfalls lebt jemand an beidem vorbei; und
kann somit keinen Beitrag leisten, die Menschheit besser
werden zu lassen; außer ...

***

Menschen mit **Durchblick** stemmen sich, aber pissen nicht gegen den Wind.

***

Wems im Oberstübchen dunkel ist, dem geht auch kein Licht auf.

***

Das einzige, was uns im Alter unerschütterlich nahe steht ist ...

der Tod; auch, was uns dauerhaft eint.

***

Es ist bestimmt nicht klug genug, unter der Tarnkappe des vermeintlich "vornehmen" Schweigens durchs Leben zu gehen.

***

Dieser Mensch ist jemand, der wurde selbst nach seinem Tod noch anderen Verstorbenen seine Ellenbogen in die Seite stoßen, oder auch gleich noch mit seiner Todeserfahrung prahlen.

***

Das mag überheblich klingen, aber leidlich intelligente Menschen versuchen, sich mit der **Dummheit anderer** zu arrangieren und sie so für sich tragbar, erträglich zu machen.

***

Ein Wink mit der **Gemüsekeule** - da freut sich der Bauch, der Darm und die Krankenkasse auch.

***

Der träge **Erkenntnisprozess** beim Menschen ist schon schlimm genug. Aber die Langsamkeit der Umsetzung von Erkenntnissen ist schon unerträglich.

***

Mit Spitzfindigkeiten erschließt sich niemand vernünftige Einsichten.

Täglicher Spaziergang durchs Dorf

***

Verrücktes wird nicht dadurch normal, nur weil es alle tun.

***

So mancher verdient sein Geld damit, anderen die Gesundheit zu ruinieren.

***

Probleme sehen und ansprechen: Wenn ich reagiere, dann handle ich stets aus purem Egoismus, nämlich aus Angst, sich allein durch Nichtstun mitschuldig zu machen.

***

Wer einmal wirklich begriffen hat, worum es bei der veganen Ernährung hauptsächlich geht, wird niemals, niemals auch nur einen Gedanken daran verschwenden, wieder in das alte, absolut unmoralische und definitiv **verwerfliche Verhaltensmuster** zurückfallen.

***

Jede Niederlage ist eine neue Herausforderung.

***

Alzheimerwitz: Meine Freundin heißt Ilse, nicht Else, sagt die Frau zu ihrem Ehemann, der an Alzheimer erkrankt ist. Else hieß doch früher eigentlich bei den Bauern diese oder jene Kuh, antwortete der Mann.

Hier geht es aber um Ilse und nicht um eine Kuh, so die Frau.

An einem anderen Tag trifft der Ehemann die Ilse und spricht sie mit Else an. Ich heiße doch aber Ilse, korrigierte die Freundin der Frau. Warum nennst du mich denn Else, und nicht Ilse?

Der Mann: Weil ich mir nur Else merken kann.

***

Es gibt sie, die herzlose, empathiefreie Vernunft.

***

Auch **Zahnärzte** wollen schließlich doch nur Geld verdienen. Und denen ist dieser Zahn nicht zu ziehen. Und auch Augenärzte sind nicht mit Blindheit geschlagen und wollen für ihre Arbeit letztlich auch das Geld nur haben.

***

(hier das Foto der plattgefahrenen Kröte)

Kröten schluckt man (nicht als Nahrung), aber man überfährt sie nicht.

***

Wer geistig fit ist und Anlass besteht, bei sich etwas zu ändern und es nicht tut, dann ist jemand nie zu alt, sondern nur zu dumm dazu.

***

Menschen mit Stroh im Kopf sind nur gut für ein Strohfeuer.

***

Wenn etwas noch zu Lebzeiten in uns stirbt, ist das nicht unbedingt ein Verlust. Immerhin kann auch etwas in uns sterben, was wir ohnehin längst hätten loswerden sollen. Dann wäre es doch ein Gewinn?

Wenn es je "Schädlinge" auf dieser Erde gibt, sind wir Menschen das ... Gibt es irgendetwas, was wir nicht im Stande sind auszurotten? – *Gibt es*: Unsere Dummheit!

***

Lebensleistungsbilanz: Auch in meinem Leben ist die Kreativität spurlos an mir vorübergegangen.

***

Lange Weile ist mitunter auch eine Chance ... eine Gelegenheit zum Nachdenken.

***

Wo hast du denn diese Beule her, fragt Paul seinen Kumpel. Meine Frau hat mit dem Handtuch nach mir geworfen. Wie jetzt? Davon kriegt man doch keine Beule. – Doch schon, wenn darin das Nudelholz eingewickelt war.

Aphorismen – philosophische Gedanken von unten …

***

Wie jeder Krieg ist auch der 2. Weltkrieg das
Armutszeugnis menschlicher Vernunft.

***

Was bei den Menschen unendlich schwierig ist …
nämlich, ihnen Rechte zuzugestehen, mit denen sie nichts
anfangen können.

***

Ehrgeiz und Minderwertigkeitskomplex sind Geschwister.

***

Das stimmt. Ich bin ein elender Stinkstiefel. Aber selbst
dann, wenn ich sympathisch rüber käme, würden Sie sich
doch gegebenenfalls bestimmt auch nicht ändern …

***

Verschwenden wir nicht einen Haufen Energie allein
dafür, um andere zu beeindrucken?

***

Es ist zum Haare raufen, sagte der Glatzkopf zu seinen
Kumpels. Das will ich sehen, erwiderte der Blinde. Und ich
kann's nicht mehr hören, erwiderte der Taube; und mir
fehlen die Worte, darauf der Stumme.

***

Bei so viel offensichtlicher Lebensfreude lacht sogar mir
das Herz ... - Und das ist aus Stein.

***

TV-Interview in einem Produktionsbetrieb. Wird ein
Fertigungsteamleiter von Schnellkochtopfdeckeln von
einem Reporter gefragt, ob auch mal Ausschuss produziert
wird. Der Teamleiter antwortet, „Wer bitte produziert gerne
`nen Ausschuss?" – Darauf der Reporter, „Soweit ich weiß,
zumindest der Deutsche Bundestag!"

***

Wer tun und lassen kann, was er/sie will, hat nichts
anderes, als Narrenfreiheit.

***

Auf ein Wunder hoffen, heißt auch, nur mehr Zeit
verschwenden.

***

Sitzen zwei Männer nackig am Tresen einer Nacktbar und
jammert: Wee'ste, Paul, ich bin mit einer Frau verheiratet,

Aphorismen – philosophische Gedanken von unten ...

an deren Schulter ich mich nicht ausheulen kann; und die mir auch nicht zur Seite steht, wenn ich mal ihren Zuspruch, ihren Trost bräuchte. - Darauf der andere: Tja, so ist das mit den Frauen; meine Frau liest mir doch jeden meiner Sorgen von der Nasenspitze ab und hat noch das Zeug, sogar einem nackten Mann in die Tasche zu greifen.

***

Muss ich anderen immer wieder beweisen, wie doof ich bin? - Nein, muss ich nicht. Ich kann auch zeigen, dass ich mit mehr aufwarten kann, als nur damit.

***

Besonders ätzend finde ich, wenn ich mich auch noch mit den Folgen der **Dummheit anderer** beschäftigen muss und diesen ausgesetzt bin.

***

Ich vermeide es tunlichst, mich an tauben Gestein abzuarbeiten.

***

Eines will ich an dieser Stelle einfürallemal klarstellen: Ich sehe hinter jeder noch so bunten Fassade immer nur den Menschen.

***

Mich beeindrucken keinesfalls Doktorhüte oder Bewohner von Elfenbeintürmen; ich sehe nur, womit sie beeindrucken wollen.

***

Das eigene Leben leben macht erst wahrhaft Sinn, jene mitzunehmen, die ihres nicht schützen können und die uns ausgeliefert sind. Ich hab's erkannt, spät, aber noch rechtzeitig. - Einer der Gründe, Veganer geworden zu sein.

***

Intelligenz. Was nützt ein noch so gutes Gedächtnis, wenn ich mit den gespeicherten Infos (Daten) nichts Gescheites oder gar nichts anfangen kann ...

***

Hätte ich einen Wunsch frei, ich würde mir wünschen, dass sich notorisch uneinsichtige Menschen einfach nur in Luft auflösen.

***

Die **Reproduktion** der Menschen macht doch nur Sinn, wenn wir gleichzeitig mit der Reproduktion als Menschen besser werden.

***

In einem Miederwarengeschäft wird der Verkäufer von einer Kundin gefragt, zu welcher Farbe er ihr bei dem ausgewählten BH-Format raten würde. Darauf der Verkäufer, typisch berlinerisch: „Nehmse Grün, det hebt."

***

Arroganz und Gleichgültigkeit gegenüber den Tieren sind das größte Hindernis dafür, die eigene Ernährung auf tierleidfreie Ernährung umzustellen. Bei jedem Schluck Tiermilch, jeder Messerspitze Milchbutter, bei jedem Ei etc. müsste normalerweise sofort der Gedanke im Hirn präsent sein daran, welches Leid bei den Wesen damit verbunden ist, die dafür herhalten mussten.

***

***

Wenn Gesetze eines Staates mich daran hindern, mich für andere einzusetzen, oder diese Gesetze mit meinem Gewissen, mit meiner Auffassung von Menschlichkeit nicht vereinbar sind, dann übertrete ich nötigenfalls und zwangsläufig solche Gesetze. Auch das ist **Zivilcourage**!

***

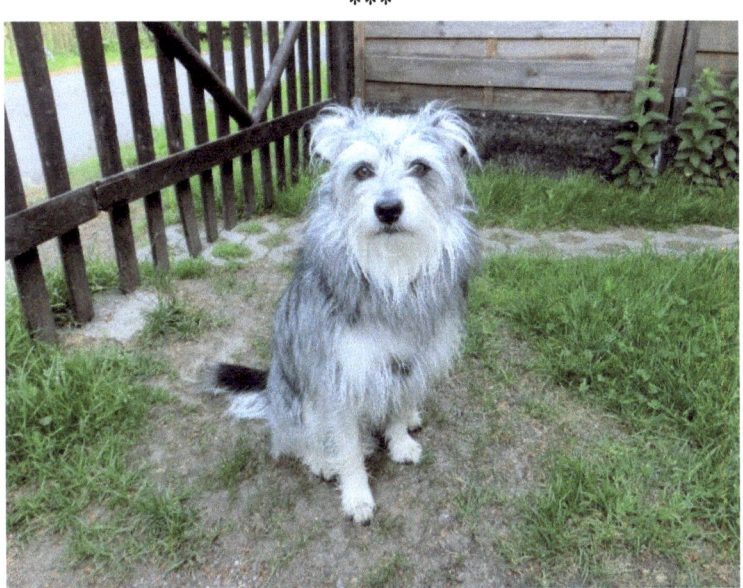

Rudi- einst in Zittau herumgestreunt-keiner wollte ihn aufnehmen

Nicht jedes in die Welt gesetzte "Gesetz" muss respektiert werden. Nicht nur die Vernunft, auch die Geschichte lehrt uns das!

***

(Wach)Träume sind manchmal der Blick in die Zukunft ...

***

Wenn mir jemand den Vogel zeigt, denke ich immer: Kein
normaler Mensch wird auf die Idee kommen, mir den
Vogel zu zeigen.

Zu Weihnachten wünsch ich mir auch,
einen Astralkörper mit Waschbrettbauch.

***

Du kannst den Leuten jeden noch so dämlichen Scheiß
erzählen, die glauben dir. Du musst nur einen Doktorhut
aufhaben oder einen Professorentitel vor dich hertragen.

***

Für mich schon längst nicht mehr nachvollziehbar, wie
jemanden beim Anblick der Tierleichenteile im
Supermarkt oder beim Fleischer von nebenan,
das Wasser im Mund zusammenlaufen kann ...

***

Sich vegan zu ernähren hat nichts mit "Szene" zu tun. Das
ist einfach ... nur eine Lebensart mit Anstand und Vernunft.

***

Mein Statement zum Krieg ...

Beim Gedanken daran, wie verblödet die Menschheit
bereits ist, weil die Menschen die eigene Existenz
zunichtemachen, steigt Übelkeit in mir hoch. Dabei
könnten die Menschen doch überall friedlich miteinander
auskommen, wenn sie darauf verzichten würden, über
andere stehen zu wollen; und wenn sie es schaffen könnten,
einander zu respektieren.

Frieden ist so einfach! Durch Vernunft.

***

Aphorismen – philosophische Gedanken von unten …

Du kannst noch so großen Unsinn verbreiten, wenn der nur wissenschaftlich genug angestrichen ist.

***

Die Notwendigkeit und Erfolgsaussichten zur **Ernährungsumstellung** auf eine vegane Grundlage stellen …

Schanzberg, Oberseifersdorf

Wir dürfen unsere Sicht auf die Dinge und unsere Handlungsbereitschaft bei aller berechtigten, aber meist doch eher unrealistischen Erwartungshaltung eben nicht von der Erfüllbarkeit unserer Erwartungen abhängig machen. So belastend das auch ist, wir werden die Welt nicht von jetzt auf gleich und schlimmstenfalls auch nicht zu unseren Lebzeiten wie angestrebt und wie notwendig verändern. Aber, wir können und müssen unseren ganz persönlichen Beitrag dazu leisten. Wenn unsere menschliche Existenz je einen Sinn machen und haben soll, dann wohl dadurch!

***

Der Klotz am Bein einer nützlichen Entwicklung: Wenn die Dummheit der Genialität hinterherhechelt.

***

Dummheit ist der Klotz am Bein nützlicher Entwicklungen.

***

Der Weg der Vernunft ist mit Grabsteinen gepflastert.

***

Man darf nicht zurückschauen, wenn's nach vorne gehen soll.

***

Spätestens im Alter sollte man das Brett vorm Kopf wegbekommen haben.

***

Gerade diejenigen, die in den Unternehmungen etwas zu sagen haben, sind nicht davor gefeit, sowohl geistig als auch moralische zurückgeblieben zu sein.

***

Die **Hygieneindustrie** profitiert zweifellos davon, dass die Menschen nicht einmal sich selbst riechen können.

***

Auch eine wie auch immer gut gemeinte Demokratie kann durchaus in Radikalismus entarten (*Der demokratische Radikalismus*).

***

Uneinsichtigkeit kann tödlich sein, sowohl für einen selbst als auch für andere.

Aphorismen – philosophische Gedanken von unten …

***

Nicht jeder mit einer großen Nase hat auch den richtigen Riecher.

***

Wie dämlich müssen eigentlich Journalisten sein, die eine Ideologie, eine Religion unterstützen und gesellschaftsfähig machen zu wollen, in denen ausgerechnet Meinungs- und Pressefreiheit keinen Platz haben und auch noch bekämpft werden.

Wie dämlich müssen eigentlich Politiker sein, die eine Ideologie, eine Religion unterstützen und gesellschaftsfähig machen zu wollen, in denen ausgerechnet Demokratie und Menschenrechte ein no go sind?

***

Die wahre Religionsfreiheit ist die, keine Religion zu haben.

***

Aus der **Geschichte lernen**, heißt, die Gegenwart zu meistern und die Zukunft gewinnen.

***

Moral ist, was in uns steckt. Im Grunde hat jeder seine eigene. Und danach handelt jeder auch. So oder so. Das heißt aber nicht, dass Moral, also die eigene, nicht korrekturbedürftig ist. Man muss ggf. Schwächen nur erkennen können. Doch ... nicht jedem ist der Blick dafür gegeben. Wem doch, kommt um eine Korrektur nicht drum rum: ... und wird vegan.

***

Und das viel bemühte "Schicksal" hat sogar ein Gesicht: das des Menschen.

***

Wird ein neuer Patient in die Irrenanstalt eingeliefert. Fragt der Pfleger: "Was hat er denn." - Er hat heut Geburtstag! - "Wie jetzt, das ist doch keine Krankheit"! Nee, aber er hat sich über die Geschenke ... wahnsinnig gefreut.

***

Am Schwachsinn prallt jedes noch so vernünftige Argument ab.

***

Meine Schützlinge Tommi und Rudi

Was man sich durchaus leisten kann ist: Man muss sich auch mal wichtig nehmen können.

***

Wenn etwas nützen soll ...

Aphorismen – philosophische Gedanken von unten …

Wissen, viel Wissen nützt nichts, wenn man mit dem
Wissen nichts anzufangen weiß.
***

Der Lichtblick ...

Selbst als "kleines Licht" bin, war ich helle genug, um zu
sehen, wo's lang geht.
***

Wer von den Autofahrern oder Fahrerinnen nicht den Fuß
vom Gas nehmen kann, wenn er/sie auf Mensch und Tier
mit seiner motorgetrieben Gehilfe zufährt,
dem hat man, das sollte man durchaus wissen,
schon mit der Geburt ins Hirn geschissen.
***

Willst du menschlich hoch hinaus, musst du gegen den
Wind starten, wie jedes Flugzeug auch.
***

Ich verstehe unter Gleichberechtigung der Frau nicht, dass
sich Frauen die Dummheit der Männer leisten können
wollen.
***

Diagnose: Schwachsinn. Symptom: Uneinsichtigkeit.
***

Das noch so "schicke" **Bolzenschussgerät** des
Schlachters ist nichts anderes, als ein Gerät, zum
Zertrümmern, zum Zerstören des Gehirns des zu tötenden
Tieres.
***

Das zerstörerische Potential des Spekulanten ... deshalb
gehört diese Spezies ausgemerzt, ehe sie damit unserer
aller Lebensgrundlagen zunichte gemacht hat.

***

Wenn Menschen Pelze tragen. Kein Wunder, wenn sich die Menschheit auf ihrem Weg sich nur äußerst schleppend weiterentwickelt ... Die Dummheit in der Masse und des einzelnen sind die Steine im Weg.

***

Menschheit - Der Inbegriff des Messitums (Menschen vermüllen Land, Wasser und die Luft)

***

Der Mensch wird durch den weißen Bart nicht weise ...

***

Der Angst geb' ich mich hin ... Sorge treibt mich an.

***

So sind Menschen eben: Die einen lachen zu früh, andere zu spät, oder gar nicht.
Wie viele lachen im richtigen Moment?

***

Vegane Ernährung nährt sich aus Vernunft und Einsichten.

***

Formell bildungsfern zu sein heißt doch noch lange nicht, die eigene Lebenswirklichkeit nicht real zu sehen und auch zutreffend beurteilen zu können.

***

Als **Veganer** erspare ich es mir und muss es mir eines Tages auch nicht vorhalten, bis zum letzten Atemzug selbst Mord und Totschlag an Tieren unterstützt, gar selbst begangen oder auch nur in Auftrag gegeben zu haben.

***

Anekdote: Sehe gerade im ZDF „Die Drehscheibe" und höre aus dem Mund der Reporterin, dass der interviewte

Bauer bereit sei, sein liebstes Stück für eine Spritztour heraus zu holen. Echt? - Ach so, seinen Traktor.

***

Wer versucht, mich in die Sackgasse der Unvernunft zu dirigieren, scheitert kläglich.

***

Ehrlich? - Nur dumme Menschen verbarrikadieren sich hinter ihrem Trotz.

***

Du musst ernsthaft versuchen, Tiere aus tiefem Herzen und mit Verstand zu mögen. Dann wirst du folgerichtig Veganer.

Die Dorfkirche in Oberseifersdorf

***

Wenn es ihn je gäbe, würde ich mir vom Weihnachtsmann wünschen, dass er gerade jenen Menschen, die vorgeben, Tiere zu mögen oder zu lieben und respektieren zu wollen, genau das Quäntchen Herz und Verstand schenken würde, welches sie zumindest Vegetarier, besser und logischer noch zu Veganern werden ließe.

***

Beim späten Klassentreffen sieht man, was jeder geworden ist ... alt.

***

Ich suche immer nach konstruktiven Elementen einer Erwiderung in einer Diskussion, ob bei Facebook oder überhaupt.

***

Bei Focus-online wird ein Dreieck gezeigt, in welchem viele weitere Dreiecke eingezeichnet sind. Es ist ein Rätsel, mit dem als Intelligenztest der Intelligenzquotient des Betrachters ermittelt werden soll. Wer 18 Dreiecke erkennt, also zählt, der hat schon mal einen IQ von 120.
In einem Altenheim macht sich ein Bewohner daran, die Dreiecke im Dreieck zu zählen. Er hat bereits schon mehr als 18 Dreiecke erkannt und ist inzwischen bei 30 angekommen. Nun wird er müde, und hat keine Lust mehr, immer noch weiter zu zählen - denn ... er hat Alzheimer ... (das Kurzzeitgedächtnis versagt).

***

Mit Wissen, mit viel wissen sollte man nicht glänzen, sondern etwas Vernünftiges anfangen können.

***

Weihnachten: Ich wünsche allen, die die weihnachtlichen Festtage *ohne* Mord und Totschlag, ohne mit verschuldetem Tierleid auf ihren Festtagstellern begehen, ein geruhsames, erbauliches Weihnachten.

***

Die Bestie in uns ... zeigt sich auch dadurch, wie wir uns ernähren.

***

Auch alte Menschen sind noch jung genug, überholte Gewohnheiten abzuschütteln. Und die jungen müssen nicht solange damit warten, bis sie alt sind.

***

Du kannst mich mal am Ar ... lecken, sagte der Elefant zu seinem Wärter.

***

Geistreiche Menschen sind selbst im hohen Alter noch jung genug, um bisher noch nicht vorhandene, echte Empathie, also auch gegenüber unseren tierischen Mitgeschöpfen zu entwickeln.

***

Als unabhängig von formeller Bildung freidenkender Mensch, vertrete ich lediglich philosophische, nicht aber wissenschaftlich fundierte Auffassungen.

***

Glück. Ich bin vorgestern in **Hundescheiße** getreten. - Ach? Da hast du aber Glück. Ach, aber erst heute bin ich wieder in Hundescheiße getreten. - Mensch, da hast du ja eine richtige Glückssträhne! Vielleicht ja, aber bis heute hatte ich eigentlich gar kein Glück. Doch Halt! ... vielleicht hatte ich tatsächlich sogar schon Glück, nur habe ich es nicht bemerkt.

***

Mit der Wahrung der üblichen weihnachtlichen Festessen-Tradition sind die Menschen sich darüber nicht im Klaren, dass sie mit ihrem Tun schwerste Schuld auf sich geladen.

***

Ein **allgemeines Statement** im Speziellen - ungefragt. In meinem biblischen Alter muss ich ja wohl erst recht nicht um irgendwelcher Freundschaft buhlen, egal ob hier oder anderswo.

***

Am liebsten sind mir Freundschaften mit Menschen, hier oder anderswo, die entweder schon Vegetarier sind, besser Veganer, oder zumindest die geistig-ethische Fähigkeit besitzen, dahingehend wandlungsfähig und wandlungswillig, statt so unsäglich "destruktiv" konservativ zu sein, und auch noch stolz darauf sind. Und, Freunde müssen Gesicht zeigen - immer.

***

Die Tarnkappe: Mancher der Doktorhutträger glaubt offenbar, sich unter diesem Hut jede Dummheit leisten zu können, ohne tatsächlich für dumm gehalten zu werden. Aber hier befindet man sich ganz klar im Irrtum.

***

Veganer achten das Leben, gerade auch das unserer tierischen Mitgeschöpfe. Und hierbei gibt es kein peu à peu, keine halben Sachen. Und wenn das „radikal" ist, können wir getrost aufhören, an das Gute im Menschen zu glauben.

***

Empathie ist nicht teilbar in welche für Menschen und die für Tiere.

***

Aphorismen – philosophische Gedanken von unten …

Binsenweisheit ... Ein undurchschaubarer Schilderwald wird nicht dadurch übersichtlicher, indem noch mehr Schilder aufgestellt werden.

***

Verwechselung von Begrifflichkeiten: Wann leisten wir uns endlich echte Empathie, statt substanzlose Sentimentalität?

***

Ach herrje, heute leisten sich sehr viele Menschen bereits zeitgemäß einen Zweitwagen, einen Zweit-TV oder was sonst noch ... was für eine grandiose Entwicklung! - Nur die Entwicklung der eigenen Persönlichkeit ist bei ihnen auf der Strecke geblieben.

***

Es ist so einfach, etwas Sinnvolles tu tun. Und ebenso einfach ist es, etwas Sinnloses zu lassen.

***

Gelegentlich geht mir folgendes Paradoxon hinsichtlich meines Verhaltens gegenüber Tierfleischfressern durch den Kopf. Einerseits verabscheue und verurteile ich die menschliche Ernährung mit Tierfleisch und Tierprodukten, andererseits grüße ich aus purer Höflichkeit Mitmenschen, die genau das verkörpern, also verinnerlichen, was ich begründet verachte. Irgendwie ist das eine Form von Schizophrenie, der ich in diesen Zusammenhängen nahezu unausweichlich ausgesetzt bin und mir leiste, will ich nicht der völligen gesellschaftlichen Isolation anheimfallen. Kurz: Ein fauler Kompromiss. *Ein Beispiel verkehrter Toleranz.*

***

Unser Zeitalter ist wieder um ein Jahr älter geworden, aber die Menschen mit der Zeit nicht klüger.

***

Silvester: Wir kommen auch gediegen in ein weiteres Jahr, das übrigens vermutlich so sein wird, wie das vergangene auch schon war.

***

Ich bin trotz allem Optimist, denn nicht alles bleibt so, wie es ist.

***

Schreibfehler verringern nicht den Wahrheitsgehalt des Geschriebenen. Sie können aber durchaus das Verständnis trüben.

***

Anekdote: In der ZDF-Sendung „Hallo Deutschland" fragt der Kinderreporter von "Logo", was die **Bundeskanzlerin** Angela Merkel schon als Kind habe werden wollte. Sie wollte Eiskunstläuferin werden, erwiderte sie.
Und heute ? - ist sie immerhin die Kuh auf den Eis.

***

Auch der Professorenkittel schützt nicht vor Dummheit. Und ist im Umkehrschluss keine Gewähr für überragende Intelligenz!

***

Gerade in den RTL-Nachrichten gehört:
SPD-Kanzlerkandidat Martin Schulz ist gelernter Buchhändler – dazu noch ohne Abitur!
Als wenn es darauf ankäme. Was will man eigentlich damit ausdrücken, worauf wird angespielt? - Meiner Erfahrung nach ist das Abitur kein Garantieschein für kreative

Intelligenz. Und Intelligenz ist erst welche, wenn sie kreative Leistung hervorbringt. Andernfalls wäre das Abitur doch eh nur Makulatur!

Ergo: Auch das Abitur ist kein Freibrief für Dummheit.

***

Lebensbilanz: Wir haben zwar nicht alle das Gleiche hinter uns, aber das Gleiche vor uns - den Tod!

***

Blick zum Zittauer Gebirge – vom Schanzberg Oberseifersdorf

Zum Unterschied zwischen nicht zuhören können und dem nicht hinhören: Nicht Hinhören ist schlimmer!

***

Wenn ich in die Augen eines Tieres sehe, sehe ich mich ...

***

Intelligenz lässt sich nun mal nicht lernen. Da kann sich jemand noch so sehr anstrengen. Wahre Intelligenz zeigt sich durch die Fähigkeit zum konstruktiven Erfassen der Lebenswirklichkeit und dem sich daraus ergebenen ebensolchen Handeln.

***

Tieren zu helfen, fällt mir leicht. Da gibt es kein Wenn und Aber. Doch bei Menschen? Das Wenn und Aber als Vorbehalt lässt sich auch ganz leicht begründen.

***

Eliten sind der Stachel im Fleisch der Menschheit.

***

Die Folge eines niedrigen Horizontes ist zwangsläufig ein zu kurzer Weitblick.

***

Wenn etwas dazu geeignet ist, jemanden von einer mörderischen Ernährungsweise abzubringen, ist es die Vernunft. Wo keine waltet, findet auch keine Veränderung diesbezüglich statt.

***

Moral und Ethik sind Bestandteil der Intelligenz.

***

Für diejenigen, die gelangweilt jammern: Jeden Tag das Gleiche ... nur eines Tages nicht, da bin ich eine Leiche

***

Man muss nötigenfalls auch mal Steine aus dem Glashaus werfen ... wenn Unrecht nicht Unrecht bleiben soll.

***

Augen zu und durch hilft uns nicht, sehend zu werden.

***

Man wird ja mal spinnen dürfen ...

Aphorismen – philosophische Gedanken von unten …

Ich wünschte, ich könnte mich klonen. Vielleicht oder bestimmt würde ich mich dann unter meinesgleichen wohler fühlen.

***

Auslegungssache ...

Sprach der Volksvertreter mit ernster Miene: „Ich habe heute noch Großes vor und so."
- sprach's und begab sich eilig gleich aufs Klo ...

***

Bin soeben mit TV-Werbung konfrontiert worden. Dabei kam mir ganz spontan diese Feststellung:
Werbung – ist inzwischen längst zu einer besonderen Form der Vergewaltigung verkommen ...

***

Ein Gedanke zu unserem Verhältnis zum Tier ...
Ein tatsächlich intelligenter Mensch arbeitet unter anderem auch an seiner Empathiefähigkeit, insbesondere mit zunehmenden Alter mit der logischen Folgerung, endlich damit aufzuhören, Tiere zu essen.

***

Wissen, viel Wissen begründet noch keine Intelligenz. Man muss mit Wissen auch etwas Sinnvolles anfangen können. (Wiederholen ist erlaubt)

***

Political correctness - der Erreger für die gesellschaftliche Krankheit "Diktatur".

***

Was jedem von uns möglich sein dürfte, einen ganz eigenen Beitrag zur Verbesserung der Menschheit beizusteuern: Der Umstieg zur veganen Ernährung!

***

Statistiken versperren sehr oft lediglich den Blick auf das konstruktiv Machbare.

***

Unter Umständen ist selbst größter Reichtum doch nur ein Armutszeugnis.

***

Mich stört ein Haufen Hundescheiße auf dem Weg viel weniger als eine kleine Zigarettenkippe. Die, die mich kennen, werden sagen, "Ja, weil du selber auf den Hund gekommen bist." - Darauf erwidere ich jedoch: Die Folgen und Auswirkungen einer Zigarettenkippe sind aber sehr viel weitreichender als die eines Hundekothaufens.

***

Genauso wie die Dummheit hat auch die Intelligenz viele Gesichter.

***

Meinungsfreiheit endet für mich an der Stelle, wo diese dazu geeignet ist und dazu missbraucht wird, meine eigene Existenz in Frage zu stellen oder gar zu vernichten. Ist das nachvollziehbar?

***

Verheerender Sprengstoff: Wenn es unter den Regierungsverantwortlichen richtige Spätzünder gibt.

***

Fake-News- das nenne ich Zweifel sähen, Irritationen streuen ...

***

An die Erfinder der so genannten Fake-News.
Auch Fake-News haben durchaus das Potential, in die richtige Richtung gehende Diskussionen auszulösen.

***

Um nicht doch noch Veganer zu werden ist man nie zu alt, nur zu dumm.

***

Ich könnte grad jetzt ein Buch schreiben. Dann tu's doch. - Gerne, aber mir fällt dazu grade nichts ein.

***

Nur ein kranker Geist generiert die perfidesten Vorgänge und setzt sie um.

***

Wenn überhaupt, schau ich menschlich zu niemanden auf, sondern immer in Augenhöhe zu ihm hin.

***

Wenn mich Menschen nicht leiden können, erkläre und entschärfe ich das damit, dass ich sage: Nur dumme Menschen mögen mich nicht.

***

Immer wieder werden Berechnungen darüber angestellt, wieviel Zeit der Mensch mit Schlafen verbringt. Noch nie habe ich aber jemals etwas darüber gehört oder gelesen, dass jemand auf die Idee gekommen wäre, einmal zusammenzuzählen, wieviel Zeit der Mensch mit der Zubereitung seiner Nahrung und dem Essen verbringt.

***

Formelle Bildung - Ich kann mit diesen nur allzu oft völlig überbewerteten und ungerechtfertigt bewunderten Pfund nicht aufwarten. Ich blicke zu niemanden auf, sondern begegne anderen auf Augenhöhe - als Mensch.

***

Soweit ich weiß, ist "Einschüchterung" noch kein Straftatbestand im Strafgesetzbuch. Nur in der Moral, da ist das einer.

***

Meinungsfreiheit wird bekanntlich in Diktaturen vor allem durch Verbote abgewürgt. In der Demokratie erledigen das die Leute untereinander.

***

So tummelten sich im Losbudentopf die Nieten, wie im Arbeiter-und Bauerparadies die sozialistischen Eliten."

***

Wer wie'n Scheißhaus aussieht, muss sich nicht wundern, wenn alle auf ihn einkacken ... (kdr)

***

Die Medien haben nur Macht gegenüber Leuten, die etwas zu verbergen haben, das ihnen Schaden zufügen kann.

***

Jeder Mensch muss an sich arbeiten menschlich zu werden ... Dieses Bestreben ist Ausdruck seiner Intelligenz.

***

Ich verzweifle mehr an der Dummheit der anderen, als an der eigenen. An der eigenen kann ich etwas ändern!

***

Vernunft geht ins Leere, wenn sie keinen Widerhall findet.

***

Was soll bloß aus der Erde werden, wenn die Leute nicht mehr sterben?

***

Die **Macht der Medien**

Die "Medien" sind nur mächtig, wenn man ihnen Dreck in die Hand gibt, mit dem sie einen bewerfen können.

***

Wenn's im Oberstübchen völlig dunkel ist. Und wo kein Licht ist, kommt es auch nicht zu einer Erleuchtung. Diese Zeitgenossen können nur wegsterben, wenn sie dennoch zu etwas "nütze" gewesen sein sollen.

***

Mit zunehmenden Alter, rückt für jeden die Zukunft unaufhaltsam immer näher ...

***

Labor Beagle Tommi und Streuner Rudi

Der Fisch stinkt vom Kopf her ..." - richtig. Aber der Mensch dazu auch noch aus dem Arsch.

***

Es heißt in einem literarischen Zitat, "Kleider machen Leute." (G. Keller). Und genau diese Kleider verdecken in nicht seltenen Fällen den ganzen Dreck, der in ihnen steckt, egal in welcher der Garderobe, ob im Kittel, Blaumann, im Talar oder in der Robe.

***

Ich genieße die kleinen Dinge in meinem Leben ... zum Genießen der großen habe ich keine Gelegenheit.

***

Anekdote: Der bekannte TV-Spiele-Erfinder und Moderator Frank Elstner, hat es, obwohl er ein gutmütiger, anständiger Mensch war, sogar bis zum Fernsehdirektor gebracht.

***

Wer aus emphatischen Gründen gegenüber unseren tierischen Mitgeschöpfen zum Vegetarier geworden ist, der muss konsequenter- und logischerweise schließlich doch Veganer werden.

***

Ich kann nur Versprechen einlösen, bei deren Realisierung mir niemand dazwischenfunken kann.

***

Die Palme, auf die du mich bringst, kann gar nicht hoch genug sein.

***

Beleidigte Leberwürste sind ungenießbar ...

***

Als Atheist glaube ich ... an die kirchliche Leere.

***

Vernunft geht mitunter nur durch Zwang. Das Rauchverbot belegt das eindeutig und unvernebelt.

***

„Geteiltes Leid, ist halbes Leid", sagt der Volksmund. Heißt aber nicht etwa, dass geteilte Armut, auch halbe Armut ist.

***

Es ist durchaus legitim, den Dreck, mit dem man beworfen wird, zurückzuwerfen.

***

Es gibt doch immer wieder Leute, die sich in einer destruktiven Wortklauberei verheddern. Entweder aus Dummheit oder Boshaftigkeit. Vernunft kann so etwas nicht ...

***

Genau das ist es! Alle einzelnen "Unwichtigen" (Menschen) zusammengenommen sind doch die "Masse".

***

Anekdote: In der Stadt Zittau soll's eine Hebamme geben, die hat eine Marktlücke entdeckt: Sie verkauft Mutterkuchen ...

***

Es gibt sicherlich einen Haufen Leute, die mehr Grips haben als ich, umso mehr wundere ich mich, wenn sie damit nicht weiterdenken können als ich.

***

Unbelehrbarkeit ist das andere Gesicht von Blödheit.

***

Veränderung braucht Zeit ...? - Mitunter hat man einfach nicht die Zeit, dieselbe mit Hoffen und Harren auf Veränderung einfach totzuschlagen.

***

Was mir sauer aufstößt ist, wenn Menschen versuchen, mir aus ihrer eigenen Begriffsstutzigkeit einen Strick zu drehen.

***

Erst dachte ich, mir fliegen hier Herzen zu ... doch dann waren es doch nur Steine.

***

"Freiheit und Gleichheit" nicht um den Preis der Vernunft.

***

So mancher übt sich auf einer überhöhten Position sitzend im Weitblick, kann aber beim besten Willen doch nicht über den eigenen Horizont hinausschauen ...

***

Es gibt Menschen, die sind zwar ein helles Licht, aber mit abgedunkeltem Verstand.

***

Schon längst erkannt: Gerade die deutsche Mentalität ist unser nationaler Untergang.

***

Selbst beste Bildung nützt nichts, wenn sie nicht in vernünftiges Handeln umgesetzt wird.

***

Honecker wird gerne mit seinem dusseligen Spruch zitiert: "Vorwärts immer, rückwärts nimmer." - Heute geht es in die andere Richtung: "Rückwärts immer, vorwärts nimmer!"

***

Allzu oft steht der Intelligenz die Ideologie im Weg.

***

Wer kopflos ist, braucht sich um seine Zukunft keine Gedanken zu machen.

***

Es gibt auch Momente im Leben, die einen dazu herausfordern, mit Steinen zu werfen, auch wenn man selbst im Glashaus sitzt. Nicht selten die einzige Chance, etwas (Vernünftiges) anzustoßen oder voranzubringen.

***

Zusammen können wir viel bewegen, aber nur, wenn wir am selben Stricke ziehn oder drehn ...

***

Wenn ich vor die Wahl gestellt würde, dann lieber mit dem Kopf durch die Wand, als mit vollgeschissener Hose durchs Leben.

***

Umgangston: Wenn ich in jemanden einen Idioten erkenne, warum sollte ich diesem "Respekt" zollen"? Das wäre ja idiotisch ...

***

Woran erkennt man einen AfD-Wähler? - An seinem hellem Wachzustand!

***

Aus Geschichte lernen, heißt, Fehler in der Gegenwart und für die Zukunft zu vermeiden. Heißt, die Gegenwart zu meistern und die Zukunft zugewinnen.

***

Opportunismus ist der übelste Feind der Demokratie und Meinungsfreiheit!

***

Wir müssen damit aufhören, den Kopf in den Sand zu stecken. Denn in dieser Pose bieten wir die volle Breitseite all jenen, die uns so richtig kräftig in den Arsch treten wollen ...

***

Den eigenen Ruf ruinierst du ganz schnell, wenn du ein aufrichtiger, ein aufrechter Mensch bist.

***

Die Angst um den eigenen Ruf begründet Unaufrichtigkeit und Verlogenheit.

***

Anekdote:

Der Sinn von Besuchen in Russland, Oktober 2017 ...
Der deutsche Bundespräsident Steinmeier, SPD, bei Russlands Präsident Putin. Steinmeiers Motiv für diesen Besuch: Er will wieder Vertrauen zu Russland aufbauen.

Fragt Putin seinen Sekretär: "Was will der Deutsche, dieser Steinmeier, eigentlich in Russland?" - Steinmeier will Vertrauen zu uns, zu Russland aufbauen ...
"Wie bitte? Na, dann lassen wir mal den Steinmeier getrost sein Kartenhaus bauen."

***

Nimm's gelassen. Morgen ist das Schnee von gestern.

***

Wahrheitsorientierte Strategien ... Wenn jemand schlau genug ist, meine Strategie zu durchschauen, aber auch dumm genug, ihr nicht zu folgen, dann hat jemand das von mir angestrebte Ergebnis nicht erfasst.

***

Blick aus dem Wohnzimmerfenster des Autors

Anekdote: Bei der ZDF-Sendung "Bares für Rares" steht eine junge Dame vor den Händlern. Sie hat ihnen Familienschmuck auf den Tisch gelegt, zu dem auch eine Brosche gehört. Nun fragt einer der Händler die junge Frau

doch tatsächlich: "Sie tragen keine Brosche?" - Darauf die
Frau überrascht: "Nein, nur Schlüpfer ..."

***

Wenn du aufhörst, neugierig zu sein, schwindet die
Intelligenz ...

***

Bildung ist kein **Freibrief für Dummheit.**

***

So mancher ist dazu verurteilt,
mit einem äußerst dicken Brett vorm Kopf alt zu werden;
und damit noch älter auszusehen.

***

"Es ist nie zu spät ..." ist doch falsch. Wer wie ich, wenn's
hochkommt, nur noch einige Jahre zu leben habe, muss
einfach mal Dampf ablassen, nicht, dass ich bei meiner
Einäscherung auch noch hochgehe.

***

Der Himmel vereint alle Religionen ...

***

Selbstreflexion mal anders ... aber keine
Selbstüberschätzung:
Mein Wissen hält sich wahrlich in engen Grenzen. Dafür
habe ich allerdings ein recht hohes Maß an menschlicher
Vernunft.

***

Zusammenkommen, was zusammen gehört: Realitätssinn
und Vernunft.

***

Die Korrekturfähigkeit eines jeden Menschen ist
unzweifelhaft abhängig von dessen Intelligenz.

***

Aphorismen – philosophische Gedanken von unten …

Aus der Geschichte lernen, heißt, die Gegenwart bewältigen und die Zukunft menschenwürdig gestalten.

***

Ich bin Atheist. Und ich habe etwas gegen Religionen, die sich mir aufdrängen wollen.

***

Niemand, dem die Worte fehlen, kann was sagen ...

***

So wie der Glaube, die Religion, Opium fürs Volk ist, genauso ist Bildung, ist Wissen Gift für die Religion.

***

Labor Beagle Tommi beim Zeitungslesen

Ich habe bestimmt nichts gegen Bildung, aber ich habe etwas dagegen, mit dem Bildungsvorwand als Absichtserklärung die Menschen für dumm zu verkaufen.

***

Manchmal bediene ich mich auch der Weisheit des
Narren, oder eigentlich immer?

***

Nach Rücksprache mit meinen Anwälten habe ich
entschieden, den Herrn Schnulli doch nicht als Zecke zu
bezeichnen. Die Anwälte meinten, ich würde mit diesem
Vergleich die Zecken beleidigen.

***

Fußball regiert die Welt, aber nicht die Vernunft ...

***

Manchmal ist es schwierig, einen guten Vorsatz oder auch
Rat umzusetzen. Wir haben doch alle jenen Schatten, über
den wir im Leben einfach nicht springen können.

***

Heiße Luft und leeres Stroh - sind keine tragenden
Elemente.

***

Wenn Du von dir behauptest, unverbiegbar zu sein, und
ich das gut finden soll, setzt das allerdings voraus, dass Du
von Anfang an geradlinig gewesen bist ...

***

Steter Tropfen höhlt ..." nicht nur den Stein, auch das
Hirn.

***

Risiken rechtfertigen kein charakterloses Verhalten.

***

Die Krönung von Dummheit ist, sich mit seiner Dummheit
noch zu brüsten ...

***

Viele unserer Spezies sind mit Taub- und auch Blindheit geschlagen ... Und ich? ... ich habe das mit auszubaden.

***

Was nützt einem die geistreichste Intelligenz, wenn sie von niemanden geteilt wird oder auch nicht geteilt werden kann.

***

Dummheit ermöglicht keine Einsichten.

***

Begriffsstutzigkeit ist die Hürde, die ein schwacher Verstand nicht nehmen kann.

***

Oberseifersdorf-Idylle im Winter

Die Mentalität der Deutschen. Der Deutsche sucht sich selbst noch in der Scheißegrube ein bequemes Plätzchen...

***

Was ist eigentlich "Mehrwert"? "**Mehrwert**" ist, wenn man willkürlich aus sich mehr macht als man ist oder aus einer Sache willkürlich mehr macht, als sie wert ist.

***

Wer immer nur in Hasskategorien denkt und urteilt, der ist im Farb(fern)sehen noch nicht angekommen, der sieht immer noch nur schwarz-weiß.

***

Eine andere Partei wählen?
Schon der Gedanke ist Verrat. Ich bleibe bei der AfD! Dazu muss niemand faule Kompromisse eingehen, sondern nur dem eigenen Verstand folgen.

***

Es gibt Zeitgenossen, die orientieren sich lediglich an ihren Wünschen.

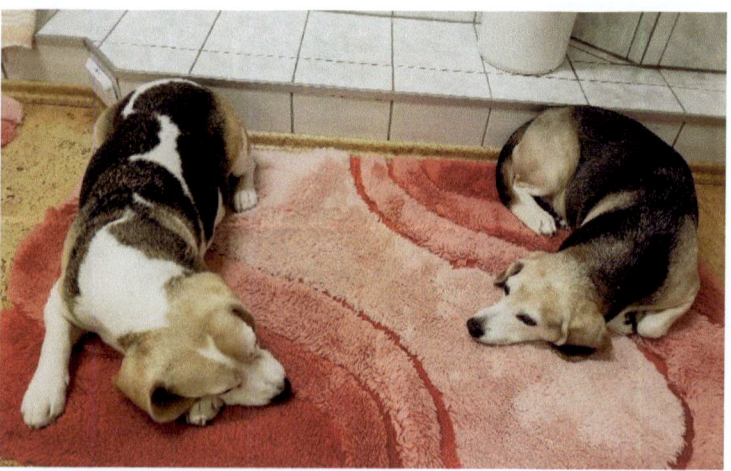

Die Beagle-Kumpels Franz und Tommi

Aphorismen – philosophische Gedanken von unten …

***

Worüber wir Menschen in unserer unendlichen Einfalt nicht alles die Nase rümpfen, was uns eigentlich lieb und teuer sein sollte: Scheiße!

***

Ich schreibe besch ... eidene Bücher über die Menschen und bin um diese „Begabung" bestimmt nicht zu beneiden.

***

Die Verantwortung des Einzelnen. Hätten die Deutschen seinerzeit nicht die NSDAP gewählt (und vor der Wahl das Buch Hitlers "Mein Kampf" mit Verstand gelesen), wäre uns der zweite Weltkrieg und der Holocaust vermutlich erspart geblieben. Hätten die "DDR"-Bürger seinerzeit nicht an diesen manipulierten Wahlen zur Volkskammer teilgenommen, wäre die "DDR" vermutlich viel eher in sich zusammengebrochen ... So zeigt sich, dass jeder einzelne von uns eine Mitverantwortung für die Folgen dafür trägt, was sich wie in der Politik abspielt und entwickelt.

***

Was uns Menschen ausmacht, ist die Moral. Das einzige?

***

Gegen **Tierqual** beim Bauern und in der Milch - und Fleischindustrie: Einfach nur vegan werden, und so diesen stinkenden Sumpf trockenlegen. Dazu braucht's lediglich etwas Vernunft und darauf begründete Menschlichkeit!

***

Sich hinterfragen ... Rechthaberei verhindert die Selbstkontrolle.

***

Der Optimist ... sieht noch Sonne, wo keine ist.

***

Keine noch so imposante akademische Bildung garantiert gesunden Menschenverstand.

***

Wenn der Partner schlichtweg dumm ist: Dokumentiert sich dieses Manko insbesondere dadurch, dass der Lebenspartner von den unzweifelhaft und nachgewiesenen Fähigkeiten des anderen zwar profitiert, diese Fähigkeiten aber nicht wertschätzt und auch nicht respektiert.

***

Bildung und Intelligenz. Manchmal denke ich: Die wenigsten wissen damit wirklich etwas Sinnvolles anzufangen ...

Mischling Rudi und einst ausgesetzte Katze Hanna

***

Aphorismen – philosophische Gedanken von unten …

So tummeln sich auf der Bundestag-Regierungsbank
die selbsternannten Möchtegern-Eliten,
wie im Losbuden-Topf die Nieten.

***

Jeder noch so "grandioser Sieg" ist immer ein Sieg gegen
den Schwächeren ... Ob das ein Glanzpunkt menschlicher
Reife, menschlicher Entwicklung ist?

***

Den Kopf in den Sand stecken bringt keinen Durchblick –
nur Sand in die Augen.

***

Sprachregelungen beeinträchtigen eindeutig die Freiheit
des Denkens und schränken Denken grundsätzlich ein.

Was mir besonders anstinkt? – Die Dummheit der
anderen.

***

Auch Optimisten dürfen, ja müssen Fragen stellen ... sonst
wären sie mit Blindheit geschlagen.

Geburtshaus des Autors in Görlitz, Neugasse, hier nach dem
Zusammenbruch der „DDR" recht ansehnlich renoviert.

Glück braucht Freiheit …

Inhaltsverzeichnis

Das Nachwort

So wie ich das sehe, ist der Mensch eh nur eine Fehlentwicklung der Natur:

Uns Menschen brauchen die Tiere nicht, die Pflanzen brauchen uns auch nicht; uns brauchen die Wälder nicht, auch nicht die Gipfel der Berge, nicht das Meer, die weißen Strände, der Himmel der blaue;

der Wind braucht uns auch nicht;

uns brauchen nicht die Wellen, der Sonnenuntergang eh nicht; die Sonne geht auch ohne uns auf; auch der Atmosphäre ginge es viel besser ohne uns.

Und der Mond braucht uns sowieso nicht.

Ergo …

Die ERDE braucht uns Menschen nicht! Die Natur uns auch nicht! Ergo: Wir sind nur Gast auf Erden – und dazu noch überflüssig.

So wie ich das sehe:

Der Mensch ist

eine Fehlentwicklung der Natur.

Klaus-Dieter Rönsch

Das andere Buch:

DAS NADELÖHR -
Der Weg in die Freiheit führt durch
die Hölle

Klaus-Dieter Rönsch

DAS NADELÖHR
Der Weg in die Freiheit
führt durch die Hölle

DAS GELBE ELEND IN BAUTZEN
DDR
Ausreise-Erinnerungen

Der Autor dieses Buches, Klaus-Dieter Rönsch, 1948 in Görlitz geboren, erzählt hier als Zeitzeuge die abenteuerliche Geschichte einer unwägbaren, über viele Jahre andauernden, Kräfte zehrenden Odyssee einer vierköpfigen, jungen Familie um das Stellen und die Durchsetzung der ständigen Ausreise aus dem SED-Regime und den Konsequenzen. Von dienstbeflissenen, skrupellosen Mitarbeitern der DDR-Behörden aufs sträflichste behandelt und unter Druck gesetzt und an der Wahrnehmung anerkannter Bürgerrechte gehindert, rund um die Uhr observiert, dann eingesperrt, gelingt es schließlich doch unter der Inkaufnahme größter Risiken und mit großem Durchhaltevermögen, mit Hilfe der deutschen Bundesregierung sowie der Unterstützung offenherziger Bürger, die DDR in die Bundesrepublik Deutschland zu verlassen. Es war ein Weg durch die Hölle.

318 Seiten, 210x148, Paperback, ISBN 978-3-940167-40-8
Preis 12,45 Euro inkl. MwSt. + 2,00 Euro info@kd-roensch.de oder Tel. 3583 708319 bestellen unter: http://buch.kd-roensch.de/sachenpacken/index.html

Aphorismen von Klaus-Dieter Rönsch.
Sprüche, Witze & Gedanken …

Erweiterte Ausgabe 2009, 255 Seiten, 210x148, Paperback,
ISBN 978-3-940167-23-1
Preis 12,45 Euro inkl. MwSt. + 2,00 Euro Versandkosten, sofort
lieferbar.

Heiteres und Nachdenkliches aus seiner Feder, inspiriert durch Lebenserfahrung und Reflexion darauf findet sich in diesem Büchel - offen, humorvoll bissig, unerbittlich kritisch, rücksichtslos aber ehrlich und doch wohlmeinend! Zudem beschäftigt sich der Autor in diesem Buch auch mit der besonderen Ehrlichkeit der selbsternannten "Gelernten DDR-Bürger" und deren Realitätswahrnehmung sowie dem Erinnerungsvermögen nach den Wirren des Zusammenbruchs der DDR im Jahr 1989 bis Heute und mit Aspekten zum skurrilen Verhalten der Bevölkerung während der SED-Diktatur.

Bstellen unter: http://buch.kd-roensch.de oder Tel. 03583 708319
info@kd-roensch.de
http://buch.kd-roensch.de/spruchbuechel/index.html

Alltägliche Aphorismen

Ausgabe 2016,
139 Seiten, 210x148,
Softcover,
9,49 Euro+ 2 Euro Versand.

Auch hier:
Heiteres und Nachdenkliches aus seiner Feder, inspiriert durch Lebenserfahrung und Reflexion darauf findet sich in diesem Büchel - offen, humorvoll bissig, unerbittlich kritisch, rücksichtslos aber ehrlich und doch wohlmeinend!
Bestellen unter:
Bstellen unter: http://buch.kd-roensch.de oder Tel. 03583 708319
info@kd-roensch.de
http://buch.kd-roensch.de/spruchbuechel/index.html